L'ENSEIGNEMENT

DE

L'HYDROLOGIE

PAR

LE DOCTEUR F. GARRIGOU
PROFESSEUR A L'UNIVERSITÉ DE TOULOUSE

(Congrès international d'Hydrologie
et Climatologie d'Alger, Avril 1909)

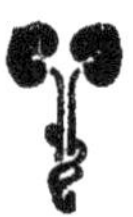

ALGER
IMPRIMERIE ALGÉRIENNE
1909

Au Docteur Glénard hommage de l'auteur
D F. Garrigou

L'ENSEIGNEMENT
DE
L'HYDROLOGIE

PAR

LE DOCTEUR **F. GARRIGOU**
PROFESSEUR A L'UNIVERSITÉ DE TOULOUSE

(Congrès international d'Hydrologie
et Climatologie d'Alger, Avril 1909.)

ALGER
IMPRIMERIE ALGÉRIENNE
1909

L'ENSEIGNEMENT DE L'HYDROLOGIE

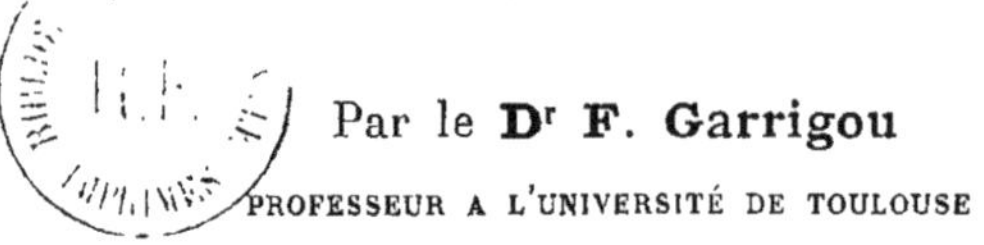

Par le Dr F. Garrigou

PROFESSEUR A L'UNIVERSITÉ DE TOULOUSE

Messieurs,

Voici tantôt 20 ans qu'on a créé à Toulouse, à la faculté de médecine et de pharmacie, l'enseignement complet de l'hydrologie, tant au point de vue scientifique qu'au point de vue médical.

M. le Ministre de l'instruction publique, et M. le Directeur de l'enseignement supérieur, cédant au vœu exprimé par le Conseil général de la Haute Garonne, sous l'impulsion de M. Kohn, préfet du département, de nombreux membres de corps médical de Paris et de la presse médicale de Paris et de la province, me firent l'honneur de me confier cet enseignement absolument nouveau, en me nommant *chargé de cours*.

La nouvelle officielle de cette création fut donnée par M. le Recteur de l'Académie de Toulouse. lors de la réunion solennelle de l'inauguration de la Faculté de médecine et de pharmacie.

L'origine de mes fonctions. la portée que pourrait avoir un semblable enseignement, au point de vue de sa répercussion sur le *statu quo* scientifique qui enlaçait l'hydrologie française, me firent un devoir d'élaborer un programme spécial, et forcément original par sa nouveauté, puisque l'enseignement complet de l'hydrologie n'existait encore nulle part, ni en France, ni à l'étranger.

Trente années (de 1861 à 1891) de recherches

interrompues sur le terrain et dans le laboratoire. m'avaient mis en présence de toutes les exigences de l'hydrologie, au point de vue des connaissances scientifiques qu'elle réclamait d'un adepte qui, depuis 1854 jusqu'en 1861, avait préparé sa carrière médicale, en ayant pour objectif la science des eaux minérales, vers laquelle l'avait poussé un de ses oncles, le docteur Félix Vergé, médecin inspecteur des eaux d'Ussat, et collaborateur de l'ingénieur Jules François, dont le nom est resté célèbre en hydrologie appliquée.

C'est donc, après une longue pratique enrichie d'observations recueillies dans les stations thermales des Pyrénées, du bassin sous-pyrénéen, de l'Auvergne et de l'Est. que j'ai pu élaborer dès 1891, le programme de mon enseignement.

Je le divisai en trois parties :

1. Hydrogéolologie ; 2. Chimie géologique ; 3. Thérapeutique et clinique thermale.

J'aurais voulu joindre à cet enseignement donné à l'amphithéâtre, la leçon de chose, par les recherches au laboratoire. L'administration universitaire m'a privé de cette source si utile pour l'étudiant, et, sous le prétexte qu'elle n'avait pas de fonds disponibles, elle a toléré que, pendant 19 ans, je supporte tout le poids de l'enseignement pratique de l'hydrologie chimique, dans mon laboratoire personnel, et à mes frais.

A mon enseignement par les cours. j'ai joint l'enseignement sur le terrain et le complément d'instruction pratique est devenu pour les étudiants, comme pour les médecins suivant les excursions, une base inoubliable de l'hydrologie appliquée.

Développons les avantages de chaque phase du programme établi.

Les eaux minérales sont des produits terrestres, élaborés dans les profondeurs de l'écorce de notre globe, variables suivant les roches dans lesquelles ils se forment, en rapport avec les systèmes de terrains de tout genre, soumis aux influences dynamiques qui modifient le sol et le sous-sol, en rapport avec les phénomènes atmosphériques les plus divers, en contact avec des couches à températures variables, et au sein desquelles les phénomènes biologiques de la surface du sol, et probablement aussi ceux de ses profondeurs, provoquent des mouvements vitaux d'un ordre tout à fait primitif, dont la portée philosophique est aussi étendue que la valeur pratique. Ils nous conduisent, en effet, à entrevoir les origines de la vie sur la terre, et à constater les transformations organiques auxquelles des milliards d'êtres ultra microscopiques donnent lieu par leur vitalité, transformation de la matière protoplasmique qui les compose, et dont l'élaboration fait naître des produits organiques multiples dont le malade peut finalement profiter, produits organiques que la chimie actuelle nous fait découvrir dans toutes les sources, soit froides, soit chaudes.

L'étude géologique des sources est donc indispensable à qui veut en bien connaître les origines, la marche et les trajets à travers les roches, de manière à pouvoir les prendre au passage et les emprisonner, afin d'en utiliser les propriétés médicinales.

La manière de présenter la géologie hydrologique aux étudiants en médecine et en pharmacie, comme à tous ceux, du reste, qui veulent s'adonner à l'étude et à la pratique de cette science, ne diffère que très peu de celle que doit suivre un professeur de géologie pure. Elle entraîne simplement à exposer avec des détails spéciaux, certaines portions d'un cours de géologie : les notions générales, la dynamique terrestre, la dynamique physique, vitale et chimique des eaux, les diverses théories qui touchent à leur formation, leurs relations avec les volcans, leur allure sur le sol et en sous-sol, précéderont l'étude des systèmes de terrains proprement dits, qu'on accompagnera forcément de quelques notions de conchyliologie et de paléontologie.

Ainsi renseignées, et amenés sur le terrain pour se familiariser avec les questions de recherches, de captages et d'aménagements des sources, un premier pas sera fait par les étudiants, et ce sera là une étape importante, surtout pour l'étudiant en médecine, futur médecin d'eaux minérales.

Attaché à une station thermale, il pourra, une fois ses études bien mûries, s'opposer avec autorité à des manœuvres dangereuses sur les sources de sa station. à de fautives conceptions que des ingénieurs non médecins pourraient présenter sur des aménagements qui actuellement sont dans leur ressort, et dont l'application pourrait être désastreuse pour une ville thermale, ainsi que cela s'est vu trop souvent.

Le médecin hydrogéologue, ne devra cependant pas, se désintéresser d'une collaboration avec l'ingénieur. Ils sont aussi indispensables l'un que l'autre, à l'installation correcte d'une station thermale. Tous deux munis de la même instruction spéciale à l'hydrologie, l'un (l'ingénieur) restant plus versé dans les applications pratiques spéciales à son métier, l'autre (le médecin), plus attaché au côté hygiénique et médical que réclameront les installations, constitueront un levier de premier ordre, pour soulever jusqu'au sommet de l'échelle toutes les stations thermales au succès desquelles ils seront attachés.

Aujourd'hui, pareil assemblage est impossible : l'ingénieur a, en hydrologie appliquée, une compétence incomplète sans doute, mais bien supérieure à celle du médecin hydrologue tel qu'on en trouve des quantités. C'est là une chose inévitable, vu l'absence d'enseignement spécial, pour le médecin, infériorité d'instruction qui disparaîtra forcément aussi, à mesure que l'enseignement de l'hydrogéologie prendra de l'extension, sous l'impulsion de nombreux maîtres ayant tout d'abord acquis, et puis communiqué à de nombreux disciples, une science correcte et basée sur les découvertes les plus sérieuses qui, déjà, commencent à transformer nos connaissances premières sur les eaux thermo-minérales.

Parmi les élèves qui m'ont régulièrement suivi dans mon enseignement, j'en compte déjà qui sont des maîtres vraiment dignes d'être munis de chaires d'hydrologie, et de faire honneur à la science des eaux minérales.

A la science d'hydrogéologie proprement dite, doivent être rattachées plusieurs branches des sciences physiques qui touchent de très prés à la géologie.

Ainsi l'étude de l'électricité et de la radioactivité, ainsi que celle de la résistivité et de la conductivité des eaux minérales.

Ces questions doivent occuper une place des plus importantes dans l'enseignement, depuis les recherches si nombreuses entreprises par des physiciens de premier ordre, et demandent des exercices pratiques fréquents. J'estime qu'il devrait y avoir dans chaque station balnéaire, un cabinet de physique avec appareils spéciaux, et avec un physicien régulièrement attaché à son service, afin de permettre à tout médecin de venir opérer par lui-même, sous l'œil du chef, et de se renre compte des variations journalières dans l'état électrique, radioactif et de résistivité des sources, afin de pouvoir ordonner aux malades des bains rationnellement combinés.

Après l'enseignement géologique et physique spécial à l'hydrologie, vient

2° La chimie hydrologique

C'est de la chimie analytique dont il est question, et à laquelle l'étudiant est un peu préparé par ce qu'on lui a enseigné pendant l'année du P.C.N., et ce qu'il a pu apprendre par lui-même en dehors de cette année d'études spéciales, si ses goûts l'ont entraînés vers la chimie.

Il lui faut, en effet, un certain stock de connaissances chimiques, pour aborder l'analyse des eaux, car il va avoir à disséquer les sources jusque dans leurs recoins les plus cachés, c'est-à-dire, qu'il va avoir à séparer tous les corps organiques et inorganiques dont on a révélé l'existence dans les eaux minérales. Et aujourd'hui, d'après les connaissances acquises, on sait que la plupart des métaux connus peuvent exister dans les eaux, et qu'un nombre multiple de matières organiques colloïdales et cristalloïdes y sont présentes également.

On n'a qu'à consulter, pour s'en convaincre, les analyses chimiques de sources minérales faites par Bunsen, par Frézénius, par quelques chimistes espagnols, par quelques rares analystes français (G. Pouchet, Filhol, Carles, etc., et moi-même, depuis plus de quarante ans).

Donc, il est indispensable, quoi qu'en veuillent penser certains esprits réfractaires à l'enseignement hydrologique coordonné d'après le simple sens commun, de connaître à fond la composition du remède que nous sert la nature, comme on connaît à fond le remède que le pharmacien nous prépare.

Et pour que le médecin, à ses debuts, puisse profiter de toutes les applications de la chimie qui ont permis de rendre l'analyse plus complète, et, par conséquent plus utile, il faut qu'on lui fasse connaître ces applications et qu'on le familiarise avec elles.

L'enseignement de la chimie hydrologique comporte donc, un très grand nombre de leçons théoriques et pratiques.

Un laboratoire des plus complet est indispensable à cet enseignement, de manière à pouvoir tenir tête à toutes les exigences de la pratique des recherches chimiques.

Il serait impossible d'énumérer en entier la liste des objets dont ce laboratoire doit disposer. Mais je dois signaler au moins les plus importants, ceux qui sont la base du laboratoire que j'ai créé à Toulouse, et qui est outillé d'une façon spéciale.

Voici cette liste :

Balances de précision, pouvant peser de 250 grammes à 2.000 grammes. Il faut au moins 3 balances (250 gr., 500 gr., 2.000 gr.) sensibles au 1/10 de milligramme.

Une bascule pouvant peser 200 kilos.

Une balance Roberval de 20 kilos.

Une balance Roberval de 5 kilos.

Une balance Roberval de 1 kilo.

Un trébuchet de 100 grammes.

Une pompe à mercure d'Alvergnat.

Une pompe à ampoules radiographiques, pouvant donner le vide aussi complet que possible.

Des batteries de trompes à eau.

Une machine électrique de Wimshurst.

Des accumulateurs.

Une grande bobine de Rhumkorff, ou tout autre.

Un appareil de Kolrauch pour la résistivité des eaux.

Un appareil Moureu pour l'étude des gaz s'échappant des eaux thermominérales.

Un appareil de Curie à quartz piézoélectrique pour mesurer la résistivité d'une manière mathématique.

Un bon spectroscope à 4 prismes.

Un matériel pour la bactériologie.

Un excellent microscope.

Un phosphoroscope de Becquerel.

Des platines séparées pour le vide.

Des étuves variées.

Des bains-marie et de vapeur, variés.

Un baromètre à mercure.

Des thermomètres.

Des séries de becs de gaz.

Des fourneaux à gaz.

Un four électrique.

Des grilles à analyses organiques.

Des centrifugeurs.

Des alambics divers.

Des capsules de 1 litre en platine, et au-dessous.

Des séries de creusets en platine.

De grandes cuves de 300 litres en fonte à émail très solide, pour précipitations chimiques.

Des provisions de capsules et de creusets de porcelaine de Saxe et de Berlin, par grandeurs diverses à partir de 50 centim. et au-dessous, pour les capsules, et de 10 centim. et au-dessous, pour les creusets.

Des mouffles avec grille Deville et à gaz ordinaire.

Des dialyseurs de toute taille, avec membrane et sans membranes.

Provisions de verrerie.

Voilà une énumération sommaire des objets réclamés par un laboratoire de chimie pour l'enseignement de l'hydrologie.

Comment doit-on se servir d'un laboratoire pareillement outillé ?

Un semblable laboratoire doit servir :

1° Aux analyses absolument complètes des eaux de tout genre. Non à ces analyses qui sortent d'un laboratoire quelconque, n'apprenant rien, si ce n'est le parti pris de ceux qui en sont les chefs, et qui s'obstinent à donner, même officiellement, des résultats tellement burlesques et nuls, qu'on en rit à l'étranger, et qu'on taxe leurs auteurs de la manière la plus sévère et plus pénible à entendre, si l'on a dans l'âme un peu de ce patriotisme qui est généralement si pur chez les vrais savants.

On croirait vraiment que c'est en vain que l'illustre Lippman a prononcé il y a deux ans, à Lyon, un admirable discours, dans lequel il n'a pas hésité à mettre d'une manière générale nos voisins de l'Est, au-dessus de nous, au point de vue de certaines sciences, en faisant appel au patriotisme français pour relever à son niveau la valeur de la science française.

L'élan donné dans ces dernières années aux recherches physiques et chimiques de l'hydrologie, par des savants de premier ordre, tels que les Armand Gautier, les Curie, les Moureu, les Pouchet, les Frenkel, lesLaborde, et dont de jeunes stagiaires aux eaux minérales (prix Gerdy) suivent hardiment les traces, doit être secondé de toute manière. Il faut lutter contre cette tendance qu'ont encore de nombreux médecins hydrologues, et qui ne disparaîtra qu'avec une instruction profonde, à rester persuadés que la chimie est absolument inutile à l'hydrologie médicale.

Et cette lutte ne peut avoir d'utilité, qu'en se basant sur des analyses irréprochables, complètes, ayant disséqué une eau dans tous ses organes actifs, et ayant décelé toutes les matières organiques qui accompagnent les matières minérales, ainsi que les produits élaborés par les micro-organismes qui se développe par milliards dans les eaux emmagasinées, et qui communiquent à ces eaux des propriétés thérapeutiques qu'elles n'ont pas au griffon.

Il est impossible d'indiquer ici une méthode spéciale d'analyse, mais on peut renvoyer aux méthodes de Bunsen, de Frézénius, et à celles que j'ai préconisées moi-même, pour déceler la présence de tous les métaux et matières organiques contenus dans les sources thermo-minérales, méthodes qui doivent du reste varier suivant les cas particuliers de chaque genre d'eaux.

J'engagerai cependant les futurs analystes à se préoccuper d'une chose qui me paraît, d'après des expériences déjà faites, devoir être utile à l'hydrologie, et que j'ai pratiquée déjà depuis plus de trente ans. C'est de recueillir soigneusement, et de conserver, tous les produits extraits des eaux minérales par l'analyse. Ce sont là, tout d'abord, des témoins irrécusables des dosages exécutés, et, de plus, ces témoins peuvent permettre de faire sur eux des recherches après coup, et constituent par leur ensemble, un véritable musée hydrologique.

Je m'explique :

Supposons que l'on ait précipité la chaux d'une eau minérale. On se préoccupe généralement fort peu de savoir si cette chaux est pure ou ne l'est pas. Eh ! bien, dans des eaux plus ou moins métallifiées, la chaux précipitée par l'acide oxalique, ou par l'oxalate d'ammoniaque peut contenir des métaux variés, et surtout des terres ou des alcalino-terreux. Si l'on arrive à soupçonner après coup la présence de substances autres que la chaux, on peut reprendre le précipité et y chercher les métaux soupçonnés.

De même encore, dans un précipité de silice, on peut avoir oublié de faire la recherche de l'acide titanique qui assez souvent l'accompagne. Si le précipité de silice a été conservé, on peut, comme dans le cas précédent, sans recommencer une opération complète, faire directement sur la silice conservée, la recherche de cet acide.

Je pourrais encore citer d'autres cas fort intéressants de même ordre.

C'est ainsi qu'après coup, j'ai pu retrouver avec la chaux conservée de l'analyse de certaines sources, du zinc, du fer, du manganèse, des terres telles que glucine, thorium, etc. Avec le sulfate de chaux provenant des sources d'Aulus, j'ai pu isoler de la masse, du chrome, de l'alumine, du fer, du cuivre, du mercure, de l'argent, etc., etc., métaux qui m'avaient primitivement échappé dans les diverses parties de l'analyse.

On peut ainsi, avec la conservation des substances isolées, se livrer au point de vue de la radioactivité, à des expériences fructueuses, ainsi que j'en acquiers la preuve en ce moment, en retrouvant cette radioactivité dans une série de dépôts naturels et artificiels d'eaux minérales déjà fort anciens (30 ans), résultats que je serai prochainement en état de faire connaître dans tous leurs détails.

Les analystes peuvent arriver, en suivant le conseil que je donne sur ce point particulier de l'analyse chimique des eaux, à constituer des collections d'un intérêt considérable pour le présent et pour l'avenir.

Dans le laboratoire de chimie, des expériences seront à coup sûr entreprises par des chercheurs, sur la synthèse des eaux minérales. On a déjà cherché à reconstituer de toutes pièces des eaux minérales, en leur communiquant même, ainsi qu'on l'a fait en allemagne, une radioactivité artificielle.

C'est là une voie nouvelle qui peut conduire à des résultats pratiques intéressants, et dans laquelle des horizons nouveaux s'ouvriront peut-être pour les philosophes à la recherche des origines premières de la vie. Pourquoi cette radioactivité connue depuis si peu de temps, n'entrerait-elle pas en jeu dans tous ces phénomènes si curieux qu'ont enregistré Gustave Le Bon et Lebrun ?

Sait-on jamais où s'arrête la portée d'une découverte, même au point de vue de la philosophie de la science ?

Curie et Mme Curie, ont ouvert, à ce point de vue, la voie peut-être la plus féconde qui ait jamais été accessible aux philosophes.

Et c'est surtout en s'occupant des eaux minérales, qu'on peut le mieux utiliser les données dont les métaux radioactifs ont doté la science, pour disserter sur les causes première. Leur étude conduit du terre à terre le plus vulgaire, la vie matérielle et la santé du corps, aux conceptions les plus sublimes de l'esprit humain, celles de l'origine du premier germe de vie, dont le développement progressif, sous l'influence d'une impulsion impeccablement dirigée, a conduit la cellule la plus simple jusqu'à l'être qui pense, qui parle, et qui seul a le sentiment du mal, du bien, et du devoir.

A côté de la chimie des eaux minérales marche, naturellement, l'étude de ces êtres microscopiques qui vivent dans les eaux froides et chaudes, et souvent à de telles températures (78°, 90°, 100° par ex.) qu'on est à se demander comment l'albumine de certains d'entre eux peut se maintenir liquide et vivante, mourant et se renouvelant sans avoir jamais été coagulée, et renversant ainsi tout ce que nous connaissons sur les propriétés physiques et physiologiques de ce composé azoté, base de tous les organismes.

Dans ces eaux à températures si élevées, nous avons pu montrer à des naturalistes vraiment surpris, des êtres de l'ordre le plus inférieurs, des amybes, des flagellés et bien d'autres types de même rang, et plus simples encore, dont les inclusions granitiques contiennent des spécimens identiques de forme à ceux qui vivent de nos jours dans les eaux thermominérales. Ils ont probablement vécu dans les mêmes conditions, peut-être même à des températures bien supérieures, puisque les mers primitives, dans lesquelles se sont déposées certaines des roches granitiques qui les contiennent, atteignaient des maximums de chaleur latente sous des pressions considérables.

On le voit, avec les eaux minérales, on est presque toujours en présence de l'imprévu, et partout on trouve matière à recherche, matière à découverte, matière à admiration.

Et que penser encore de ces algues multicolores qui ornent les dépôts stalactitiques et stalagmitiques des innombrables sources chaudes du Yellowstone, de ces beggiatoacées, découvertes dans les sources sulfurées, se nourrissant de soufre et mourant lorsqu'elles n'en ont plus à leur disposition, pour constituer des dépôts glairineux au milieu desquels se développe une autre vie dans des conditions encore plus inférieures.

Toutes ces merveilles ne peuvent se passer de démonstrateurs et de démonstrations. On n'en connaît l'existence que depuis quelques années à peine, et il est indispensable que tout médecin hydrologue ait, avec tout ce monde inférieur et microscopique, dont l'influence au point de vue thérapeutique finira par s'éclaircir et par se vulgariser, tous les avantages de l'intimité.

3° Physiologie et clinique hydrothermale

Il est tellement naturel de faire précéder l'étude de la physiologie et de la clinique hydrothermales, de l'étude physique et chimique des eaux, que les anciens médecins avaient déjà cherché à expliquer leur action en invoquant le peu qu'ils connaissaient de physique et de chimie. Et ces anciens praticiens étaient, personne ne me contredira, des maîtres en l'art médical. Aujourd'hui, où l'art médical se trouve en présence d'une chimie autrement riche en documents, autrement puissante en moyens d'action, et où cet art a fait lui-même des progrès indéniables, nous nous trouvons en présence de médecins niant l'impossibilité d'une intervention utile de la chimie en médication hydrominérale, et, par conséquent, déclarant inutile l'éducation chimique du médecin hydrologue !

C'est vraiment incroyable, et l'hydrologie médicale n'a qu'à marcher de l'avant, de concert avec la chimie, sans se préoccuper de l'opinion de ces obstructionnistes, que l'ignorance complète d'une science absolument classique et d'une utilité universellement proclamée, fait dresser devant le progrès, comme des soldats en baudruche, devant une armée puissamment fournie en armes meurtrières.

L'enseignement de la clinique et de la thérapeutique thermales, doit donc être fait sur une base que les anciens eux-mêmes ont établie, c'est-à-dire, en les entourant de tout renseignement, de toute indication, de toute direction scientifique, empruntées à la série des sciences physiques et naturelles solidement assises.

Une question se pose immédiatement.

Où et comment la clinique et la thérapeutique thermales doivent-elles être enseignées ?

Il est incontestable, que la solution préférable, serait

le lit du malade, si je puis ainsi dire. Mais, une difficulté presque insurmontable, s'oppose à un semblable enseignement. Il faudrait aller tour à tour dans chaque station thermale, étudier malades et maladies, pendant le traitement, et c'est chose impossible. Que d'années d'études exigerait un semblable moyen d'instruction.

Ce n'est qu'en leçons spéciales et dans l'amphithéâtre d'une faculté, qu'on peut initier les intéressés, à l'étude clinique et thérapeutique des eaux thermominérales.

C'est pour cela, que j'ai consacré une année sur trois, de mon enseignement de l'hydrologie, au côté médical de cet enseignement. C'est encore pour cela, que j'ai consacré le deuxième volume de ma synthèse hydrologique, au côté exclusivement médical de cet ouvrage.

Dans ces conditions, les cours d'hydrologie devraient être organisés de manière à ce que le professeur puisse montrer des malades avant et après traitement, en donnant sur les traitements suivis, des détails aussi précis que complets, non seulement relatifs à l'état des organes, mais indiquant les variations dans les liquides de l'économie, au point de vue de leur abondance, de leurs transformations chimiques et de de leurs qualités physiques.

De cette manière, l'on aurait tous moyens de permettre aux jeunes médecins, encore sans expérience, d'arriver dans la station où ils ont le désir de s'installer, aver des notions générales, précises, de thérapeutique thermale, et avec la perspective d'éviter à leurs premiers clients, les inconvénients multiples d'une ignorance du métier qui peut occasionner, soit une perte de temps, dans le mode de traitement, ce qui est le moindre des maux, soit, surtout, les résultats graves d'un traitement intempestif, pouvant ainsi que je l'ai vu, arriver jusqu'à causer la mort du sujet.

Après cet exposé général, je dois entrer dans des

détails circonstanciés, relatifs à l'organisation pratique de l'enseignement dont je m'occupe.

Cet enseignement, que je professe depuis bientôt vingt ans, devrait, l'expérience me l'a appris, être divisé en deux phases.

La première phase des acquisitions scientifiques préliminaires, devrait, dans toute Faculté de médecine et de pharmacie ayant un cours complet d'hydrologie, être obligatoire pour les débutants dans ce genre d'études, qu'ils soient docteurs en médecine ou en pharmacie, étudiants en médecine ou en pharmacie.

Elle donnerait lieu à des examens conduisant à un premier titre.

La seconde phase des connaissances à acquérir, s'appliquerait à tous ceux qui auraient, en franchissant la première étape, acquis le premier grade, et conduirait à l'obtention d'un grade définitif.

Essayons de montrer quelles devraient être les sciences à rattacher à la première phase, d'abord, et, présentons en second lieu, le plan de la marche de la deuxième manière à avoir un enseignement bien nourri et pratique.

1° *Médecin.* — L'étudiant en médecine est supposé avoir passé son P.C.N., et avoir ainsi acquis des connaissances suffisantes en chimie, physique, géologie, etc., pour bien en retenir les éléments.

Le voilà débutant dans la première année de médecine, en poursuivant le but de devenir médecin hydrologue, de même que d'autres de ses camarades ont l'intention de s'adonner spécialement à l'hygiène, à la médecine légale, à la médecine ordinaire, à l'obstétrique, à la chirurgie.

Tout en suivant les cours qui le conduiront à son doctorat, il pourra compléter ses études du P.C.N. en suivant deux ou trois fois par semaine, le cours spécial d'hydrologie, qui lui prendra une heure chaque fois au point de vue théorique (géologie, chimie, thérapeutique thermale).

Une fois, par semaine, il consacrera encore une heure, aux travaux pratiques de chimie, et de physique hydrologique.

Ce travail maintenu régulièrement pendant deux années, lui aura permis d'acquérir un fond hydrologique qu'il complétera et développera dans sa seconde et sa troisième année d'études médicales proprement dites.

1o *Pharmacien.* — L'étudiant en pharmacie est obligé de suivre les cours de chimie, de physique, de zoologie, d'hydrologie, de minéralogie. Celui qui voudra s'adonner à l'hydrologie spécialement, suivra en plus un cours de géologie hydrologique.

En outre, il devra suivre une fois par semaine des travaux pratiques de chimie hydrologique.

3o *Docteur en médecine.* — Les docteurs en médecine, qui ont en général oublié les éléments de chimie, de physique, de zoologie qu'ils avaient acquis, devront, s'ils veulent devenir hydrologues, suivre les étudiants en médecine et en pharmacie dans leurs études élémentaires d'hydrologie.

Ces études dureraient trois ans, après quoi, un examen définitif complétant les examens annuels, permettrait d'obtenir le titre de licencié en hydrologie.

Pendant trois ans, les candidats hydrologues, avec un peu plus de travail que leurs camarades, arriveraient à avoir une base hydrologique sérieuse.

Mais, demandera-t-on avec juste raison : comment les études commencées pourront-elles se terminer ?

Il n'y a, je le crois du moins, qu'un seul moyen de terminer les études spéciales qui auront conduit au premier grade, celui que je viens d'appeler : la licence en hydrologie.

Il faudrait, pour entrer dans la seconde phase des études hydrologiques, une école spéciale, un Institut hydrologique rattaché à l'Université, dans lequel des professeurs spéciaux achèveraient de donner l'instruction spéciale et nécessaire pour l'obtention d'un grade supérieur, celui de docteur en hydrologie.

Dans cet Institut, où les candidats seraient tenus de passer deux ans, on apprendrait, dans des laboratoires spéciaux, outillés d'une manière irréprochable et complète, à analyser des eaux, faisant connaître à fond leur composition en matière salines et en matières organiques, en même temps qu'on étudierait leur résistivité, leur état électrique et leur radioactivité.

Les étudiants auraient également dans cet établissement de premier ordre, un enseignement pratique de toutes les opérations qui touchent à la balnéothérapie, à l'hydrologie, au massage, à la gymnastique raisonnée et mathématiquement appliquée.

On leur enseignerait la législation des eaux et surtout celle des eaux minérales, l'économie politique des villes d'eaux, leur hygiène et celle des baigneurs en traitement.

Enfin, on ferait passer une saison entière aux étudiants, à visiter des stations thermales de divers genres, à en étudier les moyens d'action thérapeutique, à constater la manière dont les eaux y ont été captées, à faire la critique scientifique des installations balnéaires., etc., etc.

Les médecins sortant de l'Institut en question seraient préparés par tout ce qu'ils auraient vu et appris, à pouvoir aborder la solution vraiment pratique de tous les problèmes se rattachant aux progrès de l'hydrologie et à son application pratique.

C'est le but que j'ai poursuivi en dirigeant pendant vingt ans, mon enseignement officiel, suivant le plan général dont je viens de tracer les grandes lignes.

C'était le désir de rendre cet enseignement pratique, qui m'avait décidé à créer cette école d'hydrologie des Pyrénées, sise à Luchon, et qu'il a fallu voir se fermer en pleine prospérité, par suite de causes d'un ordre tout particulier (1), dominées par des raisons de santé et de fatigue, m'imposent le dur sacrifice de prendre pendant quelques années un repos relatif que mon âge et la volonté de ma famille exigeaient de moi.

L'Institut d'Hydrologie de Toulouse, dont la création a été demandée par le Conseil de la Faculté de médecine et de pharmacie, par le Conseil général de la Haute-Garonne, par la Municipalité toulousaine, par les Conseils généraux et municipaux de la plupart des départements pyrénéens et des villes thermales, par les Syndicats d'initiatives, par le Syndical médical des stations climatiques et balnéaires du Sud-Ouest, par le Syndicat général des médecins thermaux de France, présidé par le Professeur Albert Robin, une fois créé avec une série de professeurs de grande valeur, permettra, il faut l'espérer, de réaliser un nouveau mouvement de progrès que l'hydrologie française poursuit avec la plus respectable ardeur, en vue de la plus grande prospérité des stations thermales, et pour la marche ascendante de la science des eaux minérales dans tous les pays du monde.

(1) Il y a des malentendus fâcheux, sur les causes de la fermeture inattendue de l'Ecole d'hydrologie de Luchon. J'ai pour devoir de les dissiper en rétablissant l'exacte vérité. — Au moment où j'allais doubler *à mes frais*, l'étendue des bâtiments de l'Ecole, vu sa prospérité et le nombre croissant des élèves sollicitant leur admission, la municipalité dont le chef influencé par un médecin local dont la mort a été malheureuse, me refusa une salle pour les cours.— Vu ma fatigue croissant sans repos et le mauvais procédé dont j'étais victime, ma famille et mes amis m'imposaient de quitter Luchon. C'est ce que j'ai fait.

www.ingramcontent.com/pod-product-compliance
Ingram Content Group UK Ltd.
Pitfield, Milton Keynes, MK11 3LW, UK
UKHW020453220726
13923UKWH00006B/2513

9 782019 260385